E Dio creò il DNA

Carlo Forni Niccolai Gamba

La teoria di un'**origine soprannaturale** dell'universo, della nostra terra e delle specie viventi che la abitano, è rimasta indiscussa per secoli. Essa è presente, in forme e modi diversi, in quasi tutte le religioni conosciute, che ammettono e credono all'esistenza di uno o più esseri superiori, creatori dell'uomo e di quanto lo circonda, i quali possono intervenire, positivamente o negativamente, sugli esseri umani e nelle cose del mondo.

Le prime forme di religione politeista conosciute si sviluppano intorno al trentacinquesimo secolo a.C. nell'area mesopotamica, nelle popolazioni assiro –

babilonesi e quasi contemporaneamente nell'antico Egitto.

Nel tredicesimo secolo, il Faraone Amenofi IV (Akhenaton) proibisce l'antico politeismo sostituendolo con un monoteismo nella figura di Aton, il Dio Sole, culto abbandonato dopo la sua morte. Fanno eccezione alcune filosofie orientali, che fondamentalmente ignorano o negano l'esistenza di un essere sovrannaturale da cui dipendere. Esse non si pongono domande sull'origine dell'Universo o sulla sua formazione, su cosa ci sia stato **prima** e che cosa ci sarà dopo. Non si preoccupano della nostra esistenza o del destino dell'uomo dopo la morte ma semplicemente cercano di ottenere l'elevazione della propria vita spirituale, mediante particolari tecniche meditative.

L'idea di un Essere Unico che, oltre ad essere creatore universale, possa regolare tutto il creato intromettendosi nella vita dell'uomo con la finalità di salvarlo, nasce con la storia di Abramo, narrata nel primo libro della Torah, la Bibbia, prima trasmessa in forma orale, poi, secondo la tradizione, messa in forma scritta da Mosè 1300 anni prima di Cristo.

Secondo il racconto biblico, egli fu il primo uomo della storia ad avere un rapporto personale con un Dio, riconosciuto come Creatore unico dell'Universo, dalla cui stirpe provengono il popolo ebreo e quello arabo.

Il libro della Genesi nato, si presume, circa 700 anni prima di Mosè (1300 a.C.) costituisce il primo capitolo di una serie di libri che nel loro complesso costituiscono la Legge del popolo ebraico e di quello Islamico. Accolta in seguito dal Cristianesimo con interpretazione cristologica, la Bibbia è divenuta patrimonio comune delle tre grandi religioni monoteiste ed è ritenuta ispirata direttamente da Dio.

La Genesi riassume con immagini poetiche la storia della Creazione. Le tre religioni monoteistiche, l'Ebraismo, l'Islam e il Cristianesimo hanno la Bibbia come cardine su cui si fonda la loro religione. Pur con le dovute differenze interpretative e attuative, esse accettano il principio che essa sia stata ispirata da Dio e quindi espressione della Sua Parola dettata direttamente ai suoi redattori, iniziando da Mosè e attraverso tutta una serie di Profeti.

In conformità a questo racconto, si sviluppa la **teoria Creazionista**. Il pensiero creazionista cronologicamente più antico risale ai Padri della Chiesa e ai primi dibattiti contro gli scritti degli scienziati, che affrontavano il problema dell'origine della Terra e delle forme viventi. Il loro pensiero fu ripreso e commentato alla luce delle scoperte compiute, a partire dal diciassettesimo secolo, in seguito allo sviluppo delle scienze naturalistiche. Basandosi sul racconto della Genesi, la teoria creazionista afferma che la nascita dell'Universo quale noi lo conosciamo, e lo sviluppo della vita sulla terra, sono il frutto di **un piano preciso di Dio**, pensato e programmato fin dall'eternità, che investe qualsiasi forma di vita dalla più piccola alla più complessa. Tutto è stato creato e all'apice dell'intera creazione è posto l'Uomo, come essere fatto per dominare sul Creato, perché dotato di un'anima spirituale a immagine e somiglianza del suo Creatore destinata a tornare a Lui.

All'inizio del XIX secolo, sulle tracce dell'Illuminismo, che nega l'esistenza di un Dio Creatore, si affaccia la teoria dell'**evoluzionismo,** con Jean Baptiste de Lamarc (1809) [1].

Egli espone la teoria secondo cui le molteplici specie viventi, compreso l'uomo, si sono formate da un individuo primordiale, nato per caso, quindi non creato, sviluppatosi attraverso successive modificazioni e mutazioni, indotte dalle condizioni ambientali.

Secondo questa teoria, l'evoluzione delle specie, del tutto accidentale, si attua attraverso una selezione naturale degli individui, per cui sopravvivono solamente le specie più adatte. Qualsiasi modificazione ambientale provoca un cambiamento dei bisogni vitali, in particolare quelli alimentari, e in seguito cambiamenti comportamentali. Di conseguenza c'è una modificazione fisio-anatomica che porta a una variazione comportamentale dei bisogni, per poi tornare all'ambiente stesso. Egli fa l'esempio delle giraffe, che avrebbero ottenuto il collo e le zampe più lunghi perché vivevano in ambiente in cui si sviluppavano solamente piante di alto fusto.

Nel 1859 Charles Darwin, anche lui naturalista e biologo, pubblica "L'origine della specie per selezione naturale"[2] dove espone la **teoria dell'evoluzione,** che richiama fondamentalmente quella di Lamarc. Dimostrò che l'evoluzione è l'elemento comune, il filo conduttore della diversità della vita. Secondo una visione evolutiva della biologia, i membri dello stesso gruppo si assomigliano perché si sono evoluti da un antenato comune.

Secondo questo modello le specie sono originate in un processo di "discendenza con variazione". Fatto ancora più importante, nel suo trattato sull'origine delle specie, Darwin propone la selezione naturale come meccanismo principale con cui la variazione porta alla speciazione e dunque all'evoluzione di nuove specie.

La teoria evoluzionistica di Darwin si basa su tre presupposti fondamentali: Tutte le specie viventi derivano sì, da un elemento primordiale ma le trasformazioni e mutazioni sono casuali, non predeterminate e la selezione degli individui si attua per via naturale. Sopravvivono solo quelli più forti o più abili, che si riproducono di più. Secondo la sua teoria, la specie umana deriverebbe da esseri antropomorfi quando questi hanno assunto la posizione eretta e l'opposizione del pollice, più favorevoli alla loro sopravvivenza.

Nel 1866 il monaco Gregorio Mendel compie una serie di studi sull'evoluzione e l'ereditarietà delle piante di pisello. In base ai risultati ottenuti, Mendel enuncia le leggi che regolano, in natura, la trasmissione genetica dei caratteri specifici di ciascuna specie vivente. Nel suo saggio "Ricerche sull'ibridazione delle piante"[3] Mendel getta le basi fondamentali dell'**ereditarietà genetica,** confermando implicitamente le teorie dell'evoluzione delle specie. Egli enuncia le tre leggi fondamentali della genetica:

1. Legge della dominanza (o *legge dell'omogeneità di fenotipo*): gli individui nati dall'incrocio tra due individui omozigoti che differiscono per una coppia

allelica, avranno il fenotipo dato dall'allele dominante. Con significato più ampio rispetto al lavoro di Mendel, può essere enunciata come legge dell'uniformità degli ibridi di prima generazione

2. Legge della segregazione: durante la generazione della prole, gli alleli associati a uno stesso gene si separano tra di loro, facendo sì che a ognuno dei due gameti giunga solo uno degli alleli stessi.

3. Legge dell'assortimento indipendente: durante la formazione dei gameti, geni diversi si distribuiscono l'uno indipendentemente dall'altro.

Dal lavoro di questi grandi scienziati e ricercatori si sviluppano le moderne teorie dell'Evoluzionismo.

Le differenze sostanziali fra teoria della Creazione e quella dell'evoluzione, si collocano fondamentalmente nel fatto che, nel **Creazionismo** si suppone, o meglio si riconosce l'esistenza di un

Essere Superiore, la cui volontà domina tutto l'Universo; e che tutte le creature viventi abbiano un fine ultimo, che giustifichi la loro esistenza.

Secondo la teoria dell'**Evoluzionismo**, invece, tutto accade per una serie di eventi puramente casuali.

In particolare, nella concezione delle due teorie è fondamentalmente diverso il ruolo dell'Uomo: Nel primo caso, l'Uomo è stato creato, dotato di un'anima immortale, e vive in conformità a un preciso disegno di **Dio**, secondo regole da Lui dettate, con il fine di ottenere la salvezza dell'anima in vista di una Vita Eterna.

Nell'altro, nascita e vita dell'Uomo sono regolate dal **Caso** e seguono le regole della biologia: Ogni cambiamento è puramente accidentale e al termine del ciclo vitale tutto finisce e nulla rimane se non una certa quantità di materiale organico, che entra come sostanza nutritiva nel ciclo biologico.

Tutti i tentativi di conciliare le due teorie sono stati a lungo fallimentari perché l'una sembrava contraddire l'altra. In particolare, soprattutto negli ultimi secoli, le rispettive opinioni si erano radicalizzate, sostenute anche dalle contrapposte posizioni filosofiche e politiche. Soprattutto, in occidente, la Chiesa Cattolica faceva ostruzionismo nei confronti delle nuove scoperte scientifiche, perché contrastavano con la sua Tradizione. Questa radicalizzazione fu una delle cause che condussero alla nascita dei movimenti protestanti riformatori nel XVI secolo, cui la Chiesa reagì con il Concilio di Trento (1545 – 1563).

Il rapido sviluppo delle teorie e scoperte scientifiche, condotte prevalentemente nei secoli XVII e XVIII, sembrava contrastare sempre di più le posizioni della Chiesa. Tutto pareva contraddire le teorie sostenute da lei, che reagì a volte pesantemente contro i loro espositori. Caso paradigmatico quello di

Galileo Galilei, che con l'invenzione del telescopio e successive osservazioni, veniva a stravolgere la concezione allora comunemente sostenuta della centralità del pianeta terra rispetto al sole e al firmamento.

In quel periodo vi furono tuttavia anche filosofi, pensatori e scienziati che tentarono di coniugare Scienza e Fede. Forse il più autorevole scienziato del XVII secolo, sostenitore del Cristianesimo, fu Blaise Pascal [4]. Per Pascal la condizione umana è nient'altro che estrema precarietà, impossibilità di raggiungere punti fermi, insanabile contraddizione fra il volere e l'ottenere, volubilità e continuo movimento nell'avere e nel volere stesso: L'uomo è una pura contraddizione in sé, posto tra *i due abissi dell'infinito e del nulla*, fra l'infinitamente grande e l'infinitamente piccolo, fra l'essere spirituale (eterno) e l'essere corporeo (temporale). L'uomo non può sapere né ignorare totalmente.

In sostanza: che cos'è l'uomo nella natura?

Un nulla, in confronto all'infinito, un tutto, in confronto al nulla; un qualcosa di mezzo fra nulla e tutto.

Ancora oggi le due teorie sembrano antitetiche e inconciliabili ma grazie ai più recenti contributi in campo matematico, astrofisico, biochimico, archeo paleontologico e non ultimo anche filosofico, oggi anche la Scienza permette di trovare elementi in comune, che possono dare validità a entrambe.

Che contributo può dare la Fede al creazionismo? Porta come testimonianza non solamente una tradizione ultramillenaria basata su testi, universalmente proposti dalla Chiesa Cattolica, come la Bibbia, gli scritti dei Padri della Chiesa, i vari contributi degli scrittori cristiani ed anche pagani, elenco che uscirebbe dalle finalità di questo scritto.

Nei tempi moderni la Chiesa Cattolica si è aperta alle scoperte della Scienza, contribuendo essa stessa a molteplici ricerche scientifiche, archeologiche e astronomiche, in gran parte in collaborazione con Istituti di ricerca non confessionali.

Uno dei maggiori fisici cattolici, sostenitore dell'intima relazione possibile fra scienza e fede è il Prof. Antonino Zichichi [5]. L'affermazione «Nata con un atto di Fede nel Creato, la Scienza non ha mai tradito il Suo Padre. Essa ha scoperto - nell'Immanente - nuove leggi, nuovi fenomeni, inaspettate regolarità, senza però mai scalfire, anche in minima parte, il Trascendente.» riflette la sua posizione di scienziato, dedito allo studio della fisica delle particelle elementari, nei confronti e nel suo rapporto personale con il Cristianesimo.

Vi è un numero significativo d'illustri scienziati, biologi, astrofisici, matematici e anche filosofi, alcuni dei quali di dichiarato ateismo, che mettono in dubbio le posizioni radicali degli evoluzionisti puri e di quelli che, attraverso la scienza cercano di dimostrare l'inesistenza di Dio.

Alla luce delle attuali conoscenze, nessuna delle due posizioni può essere confermata con assoluto rigore scientifico ma ognuna richiede una buona dose di fiducia, se non vogliamo chiamarla Fede per non essere tacciati di partigianeria. Che l'uomo continui pure a rompersi il capo inventando le più disparate teorie, a sostegno dell'una e dell'altra ipotesi.

Quello che ci preme di dimostrare, per giustificare la nostra fede nel Creazionismo, è che il racconto della Genesi, si ritrova in maniera diversamente simile nelle più disparate religioni e antiche filosofie.

Già l'uomo primordiale, non appena acquisita una Coscienza, se non vogliamo chiamarla Anima, ha avvertito l'esigenza di credere nell'esistenza di un essere, buono o malvagio, cui affidare le vicende della propria vita o invece da temere e propiziarsi. Si è costruita una coorte di Entità divine, per lo più in contrasto fra loro. I vari racconti e miti ci riportano, però, quasi tutti al concetto di una creazione soprannaturale e metafisica dell'Universo.

Esso risponde alla domanda, già posta dai nostri più lontani progenitori, sull'origine di tutto ciò che ci circonda. Nasce dall'attonito stupore davanti a un cielo stellato, che pare infinito e fa sorgere spontanea la domanda se esista l'infinità del tempo e dello spazio, qui segue quella: Chi o che cosa ha saputo fare tutto questo?

Man mano che le conoscenze si sono ampliate, sempre più pressante è divenuta l'esigenza di una spiegazione di ciò che per la mente umana costituisce un mistero inaccessibile e imperscrutabile. Finché l'uomo ha potuto accontentarsi di miti e leggende, ivi compresi, secondo quelli che non credono, i così detti libri sacri del Cristianesimo, Ebraismo e Islam, la questione è rimasta confinata nelle coscienze individuali. Quando, però, è sorto il conflitto fra le due posizioni, ciascuna delle due ha cercato di dimostrare l'inaccettabilità dell'altra, anche con toni piuttosto accesi.

Leggendo il libro della Genesi, sembra quasi di consultare un trattato scientifico, per come precisamente spiega la formazione dell'Universo e lo sviluppo della vita sulla Terra.

All'inizio Dio creò il cielo e la terra. Così inizia il libro primo della Genesi.

In un vuoto assoluto e senza tempo, comparve una particella; un piccolo grumo di materia informe e deserta. In quel vuoto era il Verbo (Giovanni, 1, 5).

Lo Spirito Divino disse: sia la Luce e la luce fu. In un unico intenso bagliore il piccolo grumo di materia esplose, iniziò a espandersi e a riempire quel vuoto con le sue particelle.

Genesi 1, 1-5:

1 In principio Dio creò il cielo e la terra.

2 La terra era informe e deserta e le tenebre ricoprivano l'abisso e lo spirito di Dio aleggiava sulle acque.

3 Dio disse: «Sia la luce!». E la luce fu.

4 Dio vide che la luce era cosa buona e separò la luce dalle tenebre.

5 e chiamò la luce giorno e le tenebre notte. E fu sera e fu mattina: primo giorno

Numerosi scienziati hanno tentato di interpretare in termini fisici quell'attimo iniziale, che è stato chiamato Big Bang, la grande esplosione.

Fino a ora, essi non sono riusciti a spiegare se e perché quel piccolo grumo di materia fosse lì, nel vuoto assoluto e che cosa ne abbia provocata la deflagrazione, proiettando nel vuoto infinite particelle di materia elementare. Già all'inizio del XX secolo, partendo dalla fondamentale dottrina della relatività di Albert Einstein [5], Georges Lemaître sviluppò la teoria dell'espansione dell'Universo [7]. Lemaitre ha proposto anche quella che è conosciuta come la teoria del Big Bang della creazione dell'Universo, che in origine chiamò "Ipotesi dell'atomo primordiale.".

Gli studi più recenti sulle onde gravitazionali non solo confermano l'esattezza dell'enunciazione di Einstein e della teoria dell'espansione dell'Universo ma hanno potuto stabilire che la luce si separò dalla materia elementare, trecentoottantamila anni dopo il Big Bang, avvenuto circa quarantasette miliardi di anni fa, e cominciò a propagarsi nello spazio: teoria basata sulle osservazioni delle circostanze in cui i segni caratteristici della fisica hanno condotto alla nascita dell'Universo e alla sua espansione attuale. (John Kovac e al). [8]

Sono nate molteplici teorie su questo complesso fenomeno, nel tentativo di spiegare come, da quel momento iniziale, si siano sviluppati miliardi di stelle e pianeti, le galassie, i sistemi solari, i buchi neri e tutti quei fenomeni ben conosciuti soprattutto ai fisici teorici.

Utilizzando il telescopio spaziale di Hubble, Adam Riess[9]. e il suo team, mediante il monitoraggio delle supernovae, hanno provato che l'universo sta accelerando ed hanno tracciato l'espansione, a ritroso di dieci miliardi di anni luce.

Il come e il quando sono stati spiegati, ma alla scienza manca ancora un perché.

Da quel cruciale momento, l'universo in cui siamo immersi ha continuato a espandersi e nessuno è in grado di dire fino a quando continuerà a farlo.

Questo secondo la teoria dell'Universo lineare (Legge di Hubble) . Alla quale si oppongono molte altre teorie, come quella di un Universo che continuamente si rigenera (Universo a spirale), o di un Multiverso, secondo cui numerosi o infiniti Universi paralleli aventi leggi fisiche in diversi stadi, da cui il tempo possa ripartire da zero. Oppure l'ipotesi che l'Universo debba finire inghiottito dai buchi neri (J. Taylor) [9].

A queste ipotesi principali se ne aggiungono numerose altre, che reciprocamente si confermano e smentiscono. Tutte queste teorie scientifiche sono state utilizzate da alcuni, anche nel tentativo di smentire la teoria creazionista. (S. Hawking)[11]. Si è cercato di dimostrare scientificamente, che quell'evento iniziale, quel Big Bang, è stato solamente frutto di un Caso, escludendo a priori l'ipotesi dell'intervento di una volontà superiore, di un intervento provvidenziale che già avesse previsto tutto questo, compresi gli sviluppi futuri.

Smontare le teorie che sostengono e giustificano il Creazionismo è stato, negli ultimi tre secoli, un impegno quasi prioritario per molti scienziati. Nessuno, però, ha potuto opporre una vera prova scientifica che ne dimostri l'assurdità.

Che cosa tuttavia ci fosse prima e quale sarà il limite temporale e spaziale dell'Universo, di là delle ipotesi scientifiche sopra riportate, nessuno lo sa. Si possono solamente formulare delle ipotesi ma, nel campo delle ipotesi, tutto può essere affermato e tutto smentito. Utilizzando telescopi sempre più potenti addirittura messi in orbita nello spazio, radiotelescopi, esplorazioni spaziali con navicelle che si spingeranno fino ai limiti della nostra galassia e anche oltre, gli scienziati sono giunti a conoscere solo una parte infima dell'Universo.

Ogni anno sorgono nuove scoperte, teorie e ipotesi ma nulla che possa dimostrare in maniera inequivocabile se quell'evento iniziale sia stato del tutto casuale o voluto, né perché quella particella si trovasse lì, in quel buio vuoto assoluto in attesa di un quid che la facesse esplodere.

Con veicoli spaziali stiamo raggiungendo pianeti sempre più lontani. Vi facciamo atterrare sonde che ne analizzano atmosfera, suolo, struttura, ma siamo ancora lontani dalla conoscenza che abbiamo dell'unico pianeta in cui viviamo: la nostra Terra. Astronomi, Astrofisici Geologi, Paleontologi, Filosofi e Genetisti ci hanno spiegato che cosa si ritiene sia avvenuto dopo, limitatamente a una di quelle particelle venuta fino a noi, su cui abitiamo; l'unica, per ora, che siamo in grado di analizzare e verificare con prove scientifiche. Anche l'unica, stando alle attuali conoscenze, su cui si sia formata una prima forma di vita, evolutasi in una molteplicità di organismi viventi, elementari, vegetali, animali e Umani.

Numerose ricerche dimostrano che la Terra, si organizzò con altri pianeti e stelle in un sistema solare, di cui entrò a far parte 4,37 miliardi di anni fa.

La Geologia dimostra che inizialmente vi furono grandi sconvolgimenti, che portarono alla separazione della parte solida dagli oceani primordiali, e alla formazione dell'atmosfera terrestre. Un recentissimo studio ha stabilito che la superficie della terra fosse occupata da un oceano primordiale (Panthalassa) che sarebbe stato in parte inghiottito per dare luogo alle terre emerse (Pangea).

Adesso la terra era pronta per ospitare i suoi abitanti.

Genesi 1, 9- 13

9 Dio disse: «Le acque che sono sotto il cielo, si raccolgano in un solo luogo e appaia l'asciutto». E così avvenne.

10 Dio chiamò l'asciutto terra e la massa delle acque, mare. E Dio vide che era cosa buona.

11 E Dio disse: «La terra produca germogli, erbe che producono seme e alberi da frutto, che facciano sulla terra frutto con il seme, ciascuno secondo la sua specie». E così avvenne:

12 la terra produsse germogli, erbe che producono

seme, ciascuna secondo la propria specie e alberi che fanno, ciascuno, frutto con il seme, secondo la propria specie. Dio vide che era cosa buona.

13 E fu sera e fu mattina: terzo giorno.

Se vogliamo, possiamo coniugare e confrontare la storia della Genesi, così come crediamo sia stata ispirata da Dio stesso, pur con le espressioni adeguate alla mentalità e capacità espressiva dei redattori di allora, con le numerose teorie evoluzioniste, in parte basate anche sugli studi genetici di Mendel,

Nella visione gouldiana, e di tutti i biologi evoluzionisti, il caso (serie di cause sconnesse o *causalità intricata*) produce il nuovo, mentre la necessità, attraverso la selezione naturale che opera in base a *causalità lineare*, conserva l'adatto ed elimina l'inadatto). (S. J. Gould) [12].

Un importante studio sull'evoluzione del DNA è stato pubblicato da Lynn. Margulis [13], È stato dimostrato che - proprio come aveva ipotizzato Margulis -

la composizione del DNA trovato nei cloroplasti era quasi identica a quella del DNA dei batteri fotosintetici verdi-azzurri e capaci di produrre ossigeno noti come cianobatteri[13]. Le ipotesi di Margulis furono confermate anche dall'analisi delle proteine, del DNA e del sequenziamento dell'RNA.

Anche sulla base di questi studi, che sembrano confermare piuttosto che smentire le teorie creazioniste, ritengo legittimo affermare che:

Dio creò il DNA.

Come dal nulla creò l'Universo, così dal nulla creò la vita sulla terra. Certamente qualcuno obietterà che questa è pura fantasia ma sfido chiunque a dimostrarne l'impossibilità.

Le leggi della genetica e le teorie evoluzioniste pretendono di escluderla ma possono essere utilizzate esse stesse per affermare la verità di quest'affermazione. La paleontologia e la biologia evolutiva dimostrano come la vita acquatica si sia formata quasi quattro miliardi di anni fa partendo da eubatteri, esseri unicellulari contenenti molecole libere di DNA e RNA. Questi organismi, capaci di fotosintesi clorofilliana, quindi di provvedere autonomamente alla propria nutrizione (alghe azzurre), in seguito si sono trasformati o meglio, evoluti in protisti eucarioti

unicellulari nucleati capaci di riprodursi.

Addirittura, le molecole della vita, il DNA e l'RNA, potrebbero essersi, o essere state sintetizzate contemporaneamente alla formazione stessa dell'Universo, e avere così un'origine extraterrestre. Recentemente, un gruppo di ricercatori dell'Istituto Nazionale di Astrofisica ad Arcetri ha fatto una scoperta che può essere sensazionale: Nel cuore della Via Lattea, uno dei "serbatoi" che alimentano la formazione di stelle e pianeti, esiste un'enorme riserva di Cianometanimina, molecola che sarebbe uno dei precursori dell'Adenina, componente chiave del DNA e del RNA. Ciò fa supporre che gli elementi base della "Molecola della vita" possano essersi assemblati fra le

polveri e i gas stellari, prima di essere incorporati nella Terra primitiva. (Victor M. Revilla) [14]

Alcuni scienziati hanno studiato a fondo la composizione e la struttura del genoma nell'ambito del Progetto Internazionale sul Genoma Umano.

Essi hanno ipotizzato che il DNA sia il linguaggio di Dio, una specie di "libretto d'istruzioni" (Hub. Zwart)[15] e che in esso sia contenuto il programma che Lui ha stabilito per ogni essere vivente (Venter,

J. Craig.) [16]. Francis. Collins 2011 [17] afferma che, per uno scienziato cattolico, il DNA è una mappa straordinaria, un codice miracoloso, prima conosciuto soltanto da Dio.

La transizione, avvenuta circa 1,5 miliardi di anni fa, da organismi acellulari procarioti agli eucarioti unicellulari e pluricellulari, provvisti del nucleo cellulare contenente le Molecole della Vita, ha rappresentato uno dei passaggi più importanti nell'evoluzione della vita sulla terra. Il DNA è una molecola complessa, che contiene il codice genetico caratteristico di ciascuna specie, capace di replicarsi ma anche modificarsi in seguito a una serie di mutazioni e ricombinazioni trasmesse dal RNA.

Grazie alla loro azione gli individui eucarioti si sono progressivamente modificati ed evoluti in esseri marini primordiali.

Le più recenti ricerche portano a una teoria chiamata epigenetica (E. Jablonca)

[18] che, fra le altre cose, spiega alcune anomalie nella trasmissione genetica dei fenotipi.

Secondo la legge di Mendel, il genoma di qualsiasi essere vivente è fisso per qualsiasi specie e la trasmissione dei caratteri fenotipici ubbidisce a precise regole nell'ereditarietà genetica.

Questa legge però è smentita dal fenomeno delle mutazioni, che possono interessare porzioni singole o multiple dei cromosomi, provocando, di fatto, modificazioni anche sostanziali del fenotipo (l'aspetto esteriore dell'individuo), senza però alterare la sequenza del DNA e quindi il genoma tipico della specie.

Ne consegue che, secondo questa teoria, le mutazioni casuali o indotte dall'ambiente esistono e si comportano coerentemente con la teoria dell'evoluzionismo, lasciando però intatto e immutato il genoma, così com'è stato creato.

Stando a tutte queste osservazioni e teorie, possiamo ritornare al racconto della Genesi che ci dice come, dopo la formazione dell'universo e in particolare di questa nostra terra, con il suo cielo, le acque, i monti e le valli, i terremoti e i vulcani, i ghiacci e le arsure, su essa si sia formata la **Vita**.

Genesi 1 20-22

20 Dio disse: «Le acque brulichino di esseri viventi e uccelli volino sopra la terra, davanti al firmamento del cielo».

21 Dio creò i grandi mostri marini e tutti gli esseri viventi che guizzano e brulicano nelle acque, secondo la loro specie, e tutti gli uccelli alati secondo la loro specie. E Dio vide che era cosa buona.

22 Dio li benedisse:«Siate fecondi e moltiplicatevi e riempite le acque dei mari; gli uccelli si moltiplichino sulla terra».

La paleontologia ci dimostra che alcune specie di pesci svilupparono caratteristiche tali, da renderle adatte a una vita sulla terra (tetrapodi). Essi avrebbero dato origine a rettili uccelli e mammiferi marini e terrestri, differenziandosi in Sauropsidi (rettili e uccelli) e Sinapsidi (vertebrati tetrapodi).

Tutte le specie viventi discendono quindi da un antenato comune, come ci dice la teoria dell'evoluzione delle specie. Cruciale per gli evoluzionisti è che queste trasformazioni siano prodotte solamente dal caso e condizionate dalle mutevoli condizioni ambientali.

Genesi 1 24-25

24 Dio disse: «La terra produca esseri viventi secondo la loro specie: bestiame, rettili e bestie selvatiche secondo la loro specie».

25 E così avvenne: Dio fece le bestie selvatiche secondo la loro specie e il bestiame secondo la propria specie e tutti i rettili del suolo secondo la loro specie. E Dio vide che era cosa buona.

Incessanti processi di evoluzione e differenziazione, attraverso le ere geologiche, caratterizzate da fasi di estinzione di massa, dal Permiano-Triassico (252 - 201 milioni di anni fa) attraverso l'era dei dinosauri e la loro estinzione nel Giurassico (145 milioni), al Cretaceo-Paleocene (65 milioni), hanno dato origine alle specie oggi conosciute, soggette comunque a continui processi evolutivi, molti indotti artificialmente dalla mano dell'uomo (specie geneticamente modificate).

Lo stesso DNA umano è stato sintetizzato in laboratorio ma è incapace di dare origine a un nuovo individuo vivente. Può essersi formato spontaneamente o è stato creato? Da chi?

La differenziazione del genere Homo avviene solamente nel Miocene inferiore (2.5 milioni di anni fa) quando da primati del genere Australopitechus si distingue una nuova linea genetica: l'A. africanus (Raymond A. Dart)[19], un primate che importanti trasformazioni scheletriche hanno reso bipede obbligato, Gli evoluzionisti ma soprattutto i genetisti e i paleontologi hanno fissato qui il punto di trasformazione dal genere Scimmia al genere Homo.

Hanno stabilito che il punto di svolta si colloca nell'acquisita abilità di una stazione eretta obbligata, più favorevole alla sopravvivenza e nel migliore utilizzo della mano con l'opposizione del pollice.

Il primo reperto archeologico riferibile a questo nuovo genere è stato scoperto in Sudafrica: il cosiddetto "Bambino di

Tauung" i cui resti scheletrici documentano l'avvenuta trasformazione fisica Glenn C. Conroy). [20]

A questo punto, secondo il racconto della Genesi, si sarebbe realizzato l'ultimo atto della creazione: quella dell'Uomo, intendendo con ciò l'infusione dello Spirito nell'ominide primordiale. Quel soffio divino che l'ha dotato di quella, che chiamiamo **Anima**:

Genesi 1 26-27

26 E Dio disse: «Facciamo l'uomo a nostra

immagine, a nostra somiglianza, e domini sui pesci del mare e sugli uccelli del cielo, sul bestiame, su tutte le bestie selvatiche e su tutti i rettili che strisciano sulla terra».

27 Dio creò l'uomo a sua immagine; a immagine

di Dio lo creò; maschio e femmina li creò.

Da questo momento, nel Paleolitico superiore circa 40.000 anni fa, l'essere uomo perde ogni rapporto genetico con gli altri mammiferi, e dà origine a una linea genetica del tutto nuova, che si differenzierà in popolazioni (etnie) solamente sulla base delle caratteristiche fenotipiche. Per questa ragione è assolutamente errato parlare di "razze umane".

La storia della Genesi prosegue con la caduta dei nostri progenitori in seguito alla disobbedienza. Forse i nostri Adam ed Eva dovettero lasciare per cause sconosciute il loro Eden, per finire in una terra meno ospitale su cui si dispersero i loro successori:

Genesi 3, 22-24

22 Il Signore Dio fece all'uomo e alla donna tuniche di pelli e li vestì. Il Signore Dio disse allora: «Ecco, l'uomo è diventato come uno di noi, per la conoscenza del bene e del male. Ora, egli non stenda più la mano e non prenda anche dell'albero della vita, ne mangi e viva sempre!».

23 Il Signore Dio lo scacciò dal giardino di Eden, perché lavorasse il suolo da dove era stato tratto.

24 Scacciò l'uomo e pose a oriente del giardino

di Eden i cherubini e la fiamma della spada folgorante, per custodire la via all'albero della vita.

Poi il racconto biblico descrive la vita dei primi esseri umani viventi:

Genesi 4 – 1-2

1 Adamo si unì a Eva sua moglie, la quale concepì e partorì Caino e disse: «Ho acquistato un uomo dal Signore».

2 Poi partorì ancora suo fratello Abele. Ora Abele era pastore di greggi e Caino lavoratore del suolo.

Gli individui originari dell'umanità odierna si svilupparono da quella popolazione ancestrale nata nell'Africa meridionale nel Paleolitico inferiore, chiamata Acheulana. (J. Chavaillon e Ch. Piperno) [21] cui segue quella Sangoana. Da essa deriva l'attuale ceppo etnico dei Khoi-San[(Khoi, pastori e San cacciatori raccoglitori) (A. Barnard) [22] .

Da questo gruppo, presente originariamente nell'Africa e diffusosi in tutto il mondo in seguito a ondate di migrazione, si sono sviluppate tutte le etnie sparse su tutto il globo.

Nelle successive generazioni si sono verificate delle mutazioni spontanee, provocate da fattori chimici endogeni e da errori nei processi di trasmissione genetica, che hanno modificato le caratteristiche somatiche, lasciando però intatta la struttura del genoma, caratteristico della specie. Fra i primi individui della nuova specie, sorsero dissidi, spesso sanguinosi, a causa della competizione per il cibo, il territorio, la donna, ecc. Anche in questo ci viene in aiuto il libro della Genesi:

Genesi 4 3-5

3 Dopo un certo tempo, Caino offrì frutti del

suolo in sacrificio al Signore;

4 anche Abele offrì i primogeniti del suo gregge e il loro grasso. Il Signore gradì Abele e la sua offerta,

5 ma non gradì Caino e la sua offerta. Caino disse al fratello Abele: «Andiamo in campagna!». Mentre erano in campagna, Caino alzò la mano contro il fratello Abele e lo uccise.

Così si perpetrò il primo omicidio della storia umana. Il resto è storia scritta.

Qui termina la mia dissertazione con cui ho cercato di conciliare, quanto dice la Scienza, e quanto ai credenti suggerisce la Fede, secondo un metodo di sintesi/antitesi. Non necessariamente un atto di Fede è subordinato a un'ipotesi scientifica e viceversa. In entrambi i casi, e fino a prova contraria, entrambe le ipotesi sono valide e si confermano vicendevolmente. Noi cristiani, come pure gli ebrei e i musulmani affermiamo con certezza la realtà delle nostre convinzioni in materia di creazione, (e anche di evoluzione). Ci siamo basati non solamente sui testi che ci raccontano quando come e perché l'Universo, la nostra terra e tutti noi viventi siano stati creati, ma anche sulle affermazioni di eminenti studiosi e scienziati, per la maggior parte ferocemente anticreazionisti, le cui conclusioni, però, spesso li smentiscono.

Gli anticreazionisti, viceversa, a conclusione dei loro studi si trovano molto spesso di fronte all'incertezza, a qualcosa che, nonostante tutti i loro sforzi, non riescono a spiegare e soprattutto a spiegarsi. Alcuni cercano di piegare la realtà alle loro teorie, altri per non dare spiegazioni restano assolutamente indifferenti, altri ancora, al momento di trarre conclusioni dai loro studi devono a malincuore ammettere che **qualcosa c'è**.

Bibliografia:

1) Jean B. de Lamarc Philosophie zoologique 1809 librarie E Savy, Paris

2) Charles Darwin L'origine della specie 1859 John Murray London

3) Gregor Mendel Versuchen über Pflanzenhybriden 1865 Atti Soc. Naturalisti Brno

4) Blaise Pascal Memorial, 1654; Le Pensées, 1670

5) Antonino Zichichi. *Perché io credo in Colui che ha fatto il mondo*, Milano, Il Saggiatore, 1999. ISBN 88-428-0714-1

6) Albert Einstein. Über das Relativitätsprinzip und demselben gezogene Folderungen. In: Jahrbuch der Radioaktivität und Elektronik, v.4, 1907

7) Georges Lamaître: The Evolution of the Universe. Discussion. Nature v.128 1931

8) John Kovac BICEP2/SPUD: Searching for inflation with degree scale polarimetry from the South Pole 2008 Proceedings Paper vol. 2020

9) Adam Riess et al. A 3% Solution: Determination of Hubble's Constant with the Hubble Space Telescope and wide Field Camera. The Astrophisical Journal 2011

10) J. Taylor: I buchi neri. La fine dell'Universo? Armenia 1978

11) Stephen Hawking, *Dal big bang ai buchi neri. Breve storia del tempo (A Brief History of Time, Bantam Press,*

12) Stephen Jay Gould. The structure of evolutionary Theory Cambridge Belknap Press of Harward University Press 2002

13) Lynn Margulis Symbiosis as a source of Evolutionary Innovation Specition and Morphogenesis 1991 The MIT Press

14) Victor M. Revilla Abundant Zcyanomethanimine in the interstellar medium: paving the way to the synthesis of adenine" Monthly Notices of the Royal Astronomical Society. Letters

15) (Hub. Zwart In the Beginning was the Genoma: Genomics and Bio-Textuality of Human Existence: The New Bioethics: A Multidisciplinary Journal of Biotechnology and the Body, 2018)

16) Venter, J. Craig. 2013. Life at the speed of light: From the double helix to the dawn of digital life. New York: Viking)

17) Collins, Francis. 2006. The language of God. A scientist presents evidence for belief. New York: Free Press (Simon & Schuser).

18) Eva Jablonca, Gal Raz: Transgenerational Epigenetic Inheritance: Prevalence Mechanisms and Implications for the Study of Heredity and Evolution. The quarterly Biology 2009

19) DART, R.A. 1925. *Australopithecus africanus*: the man-ape of South Africa. *Nature* 115(2884): 195–199

20) Glenn C. Conroy et al.: *Endocranial Capacity in an Early Hominid Cranium from Sterkfontein, South Africa*. In: *Science*. Band 260, 1998, S. 1730–1731;

21) Chavaillon, J. et Piperno, M. (2004) -*Studies on the Early Paleolithic site of Melka Kulture, Ethiopia*, Firenze, Istituto Italiano di Preistoria e Protostoria, 2 vol.: 736 p. + 29pl.

22) Alan Barnard (1992) *Hunters and Herders of Southern Africa: A Comparative Ethnography of the Khoisan Peoples*. Cambridge University Press, New York.

In calce, riporto di eminenti personaggi che hanno voluto esternare le proprie convinzioni (Le mie le avrete già capite)

Marco Bersanelli astrofisico Quel momento drammatico di 13,7 miliardi di anni fa, quando tempo e spazio ebbero inizio, è un segno grandioso della contingenza dell'universo. Ma la creazione non è relegata a quel remoto evento. Essa è l'atto misterioso che trae dal nulla ogni istante di ogni stella o fiore o bimbo dell'universo.

Sir Roger Penrose astrofisico «*Il libro di Hawking è fuorviante, ti dà l'impressione che esista una teoria che riesca a spiegare tutto, ma questa non è nemmeno una*

teoria. Non è per nulla dimostrato che l'Universo si sia creato dal nulla».

Franco Gabici fisico *La fisica moderna, e in particolare la complicatissima «meccanica quantistica», si è tuttavia posta, magari indirettamente, il problema della creazione e paradossalmente è arrivata ad una conclusione in linea con la Genesi. La «meccanica quantistica», infatti, e in particolare il «principio di indeterminazione» di Heisenberg, ammette l'apparizione dal nulla di piccole quantità di energia (si parla di «fluttuazioni») e pertanto anche il nostro universo potrebbe essere nato proprio da una fluttuazione, che è pur sempre un ammettere una sorta di «fiat lux»*